M. LOUIS REYBAUD

> « Quelle source de bonne plaisanterie,
> « quelle imitation des mœurs, quelles images,
> « et quel fléau du ridicule.
>
> « La Bruyère. *Des Ouvrages de l'Esprit.* »

SAINT-MIHIEL

IMPRIMERIE DU NARRATEUR, RUE BASSE, 39

M D CCC LXXX

M. Louis REYBAUD

M. LOUIS REYBAUD.

« Quelle source de bonne plaisanterie,
« quelle imitation des mœurs, quelles
« images, et quel fléau du ridicule.

« LA BRUYÈRE. *Des Ouvrages de l'Esprit.* »

Si les agitations qu'entretient la lutte des partis ne troublaient point si souvent le cours régulier de la vie, dans la République qui est devenue le Gouvernement de la France, et n'avaient pas, en l'absorbant tout entière, distrait notre attention des événements qui se passent dans celle des lettres, nous aurions remarqué le vide qu'y a fait, à plus d'une place, la mort de M. Louis Reybaud. Cet écrivain a été, tout à la fois, un historien exact, un romancier fécond, un économiste d'un ordre élevé, un moraliste sévère, un publiciste libéral et savant, un critique habile et plein de goût, mais surtout un peintre de mœurs que bien peu ont égalé pour l'habileté de la mise en scène, la sincérité du trait, le charme piquant de la couleur et la vérité des portraits. Ses personnages ont été dessinés sur le vif et deviennent des types, en prêtant un corps et une âme à un caractère ou à une idée. Ils pensent, ils parlent, ils marchent, ils posent comme notre esprit se l'est imaginé, sur la donnée de l'écrivain. Quand il les produit, ou les reconnaît à l'air de leur visage et aux discours qu'ils tiennent ; l'œil va droit au trait propre qui accentue leur physionomie, et fait qu'ils nous frappent par ce qui constitue leur originalité.

M. Louis Reybaud est né avec le siècle ; il a reçu le jour sous ce chaud et brillant climat de Marseille qui semble éveiller en même temps, chez l'homme, le génie des arts et le goût des grandes entreprises ; c'est bien là une colonie de la Grèce ; l'enfant semble, en venant au monde, s'y souvenir de l'origine de ses pères, et y sourit, en ouvrant les yeux, à la poésie. Louis Reybaud ne démentit pas cette destinée : les études, qui se relevaient par une restauration éclatante de leur long abandon, se chargèrent de cultiver les dons de sa riche nature ; les succès du collége présageaient, pour lui, ceux de la littérature. Il les tenta ; c'est par la grave mission de l'historien qu'il essaya d'abord sa vocation. On était presque encore au lendemain de l'expédition d'Egypte ; la magnifique et officielle relation qu'en publia le Gouvernement n'était à la portée que d'un petit nombre de lecteurs ; elle ne pouvait, d'ailleurs, au point de vue où elle s'était placée, entrer dans le récit d'événements auxquels l'éloignement des lieux prêtait le merveilleux et le prestige de l'épopée ; c'étaient surtout les recherches de la science, les découvertes de l'érudition et les irrécusables constatations de ces savants de tous les ordres qu'on nommait l'Institut d'Egypte, qui avaient fait la matière de ces exposés. L. Reybaud entreprit, avec plusieurs hommes de lettres, d'écrire, en revenant sur cette expédition fameuse, le récit des événements politiques et des opérations militaires qui en avaient rempli le cours, et qui étaient de nature à intéresser plus vivement le public. La part qui lui échut dans l'œuvre commune, ce fut particulièrement l'histoire de Bonaparte, de Kléber et de Menou ; il n'y consacra pas moins de six volumes ; cet ouvrage porte, à plus d'un endroit, l'empreinte du talent ; il révèle déjà cet art heureux de raconter les choses d'une façon claire, vive et rapide, et de soutenir par le choix des détails l'intérêt de la narration.

Mais c'était dans la presse périodique que L. Reybaud devait chercher sa voie ; néanmoins, ce n'était pas encore la presse quotidienne qui devait être son lot ; là, il n'aurait rencontré que la lutte et des succès dont il ne serait rien resté le lendemain de la victoire : les Revues étaient bien mieux faites pour attirer un talent comme le sien, et pour offrir à l'homme un emploi de ses facultés qui servirait ses goûts et pourrait le conduire à la renommée. Là, rien de ce qu'il publierait ne serait perdu, s'il méritait de durer, et les articles de la veille pouvaient, s'il les avait écrits dans ce but, faire le livre et la nouveauté du lendemain. La *Revue des Deux-Mondes,* qui savait deviner les hommes en flairant le talent, lui ouvrit ses portes ; en quelques années elle était déjà devenue le plus important de nos recueils périodiques ; ses jugements emportaient par eux-mêmes une grande autorité, et l'on était soi lorsqu'on était admis à y écrire. Nous étions arrivés à ces premières années de la Monarchie de Juillet où les folies du Saint-Simonisme avaient mêlé leurs complications à celles de la politique pour créer des embarras au gouvernement : les prédications et les singularités domestiques de Ménilmontant n'étaient pas aussi dangereuses que les descentes du peuple dans la rue, mais elles pouvaient en faire naître le goût et les encourager ; le Père Enfantin, le Père Barrau et M. Michel Chevalier étaient des intelligences plus fortes et des gens mieux élevés que Blanqui et Barbès ; ils n'auraient pas élevé des barricades, mais leurs déclamations étaient des armes que les chefs de la révolte pouvaient leur emprunter pour enflammer des sectaires aveugles et les convier à les suivre. Ils s'étaient enivrés de leur talent, et des succès de curiosité avaient exalté leurs esprits ; ils ne reculaient devant aucune des conséquences qui ressortaient des doctrines philosophiques qu'ils prêchaient dans leurs réunions : ils attaquaient la société par sa base et menaçaient de la ruiner, en mettant audacieusement en question les principes sur lesquels elle repose ; ils niaient le mariage, la propriété et le crédit ; au travail libre, ils substituaient le travail imposé et le droit au travail ; l'opinion publique ne tarda pas à faire justice de ces dangereuses utopies ; la police correctionnelle, d'accord avec elle, intervint au bon moment et acheva la déroute de ces sectes hardies, en faisant évanouir, sous ses sentences, la chimère de cette société et de cette religion nouvelles qu'elles avaient voulu élever sur les ruines de celles qui existaient. Cette entreprise voulait un historien pour en empêcher le renouvellement. M. L. Reybaud y avait assisté en témoin et en juge ; il se présenta donc pour remplir cette mission ; il l'accomplit en publiant ses *Etudes sur les Réformateurs ou Socialistes modernes*.

Mais ils avaient des pères dont l'histoire remontait haut et loin ; il la fit d'abord pour faire comprendre la leur, et pour montrer qu'en matière d'utopies il n'y a rien de nouveau sous le soleil. Il prit, l'un après l'autre, Saint-Simon, Fourrier et Robert Owen ; il étudia ensuite Pierre Leroux, Cabet et même Bentham, fit ressortir, avec un merveilleux esprit d'analyse et une implacable logique, la vanité et les dangers de leurs systèmes. Il semblerait que l'esprit doive s'armer de résolution pour aborder la lecture d'un livre écrit sur un pareil sujet, et sentir bien souvent la fatigue avant de l'achever ; il n'en est rien ; une fois que le lecteur l'a ouvert, il ne peut plus le quitter. Grâce à la clarté de la méthode, à la netteté de l'exposition et aux charmes d'un style qui coule de source, abondant, mais non diffus, vif et coloré, relevé de mots fermes ou semé de traits piquants, il se fait lire avec l'entrain et l'intérêt du roman. L'écrivain ne court pas après les images, mais elles lui viennent à propos, et, quand il le faut, en deux mots il a peint un personnage ou caractérisé une situation. Le livre de M. L. Reybaud est venu au moment où il était nécessaire pour constater l'avortement d'une tentative destinée à périr dans le ridicule, et en même temps pour en conserver le souvenir, afin d'en prévenir le retour et de mettre constamment les esprits en garde contre les rêves de l'imagination et les séductions de l'utopie. Il restera dans la langue comme une des œuvres les plus brillantes et les plus utiles qu'elle ait produites, de nos jours ; à ce titre, l'Académie française l'a couronné en lui décernant, en 1841, le grand prix Montyon, et l'Académie des Sciences morales et politiques a mis le sceau à cette distinction en appelant l'auteur à siéger dans son sein.

L. Reybaud changea de sujet, mais non de talent et de manière, ni de point de vue et de principes, en passant des *Réformateurs modernes* à *Jérôme Paturot*. C'est toujours à une des infirmités politiques de notre esprit qu'il s'adresse, et il la traite, pour l'en guérir, en agissant sur lui par le procédé de la satire et le remède du ridicule. L'établissement du Gouvernement représentatif, en France, y avait ouvert la carrière des généreuses ambitions. Mais en élargissant l'accès du Parlement, la Révolution de Juillet l'avait mis à la portée d'un plus grand nombre ; le mandat politique devenait le relief de la vie ; quiconque possédait la fortune, se passa la fantaisie d'y prétendre et crut pouvoir y atteindre. La tentative réussit à beaucoup ; mais, si elle les conduisait aux honneurs, souvent ils y éveillaient l'envie, et plus souvent encore ils y prêtaient à rire à leurs dépens. Quand on a passé sa vie dans un comptoir, il n'est pas plus possible de jouer, du jour au lendemain, le pouvoir que la noblesse. M. Jourdain n'est pas moins gauche député que marquis. Jérôme Paturot est l'histoire d'un de ces bourgeois à qui les rêves de l'ambition avaient tourné la tête ; élevé pour pousser un jet vigoureux sur une vieille souche de bonnetiers, et amasser une des grandes fortunes de son quartier, à l'ombre de ses magasins, il s'était, du premier pas, écarté de la ligne de ses pères, et avait ainsi, malgré les avertissements des sages de sa famille, faussé sa destinée. Dès le collége, il avait aspiré à la gloire littéraire ; livré à lui-même, il l'avait poursuivie, mais elle lui avait échappé. Instruit à temps par ces premières épreuves et préparé par l'amer sentiment de ces déceptions à écouter le langage de la raison, il avait prêté l'oreille aux propositions d'un oncle dont il était la préoccupation unique et le futur héritier. Il avait donc, sans trop d'hésitation, déposé la plume, pris l'aune et la balance, et s'était installé dans le comptoir des Paturot pour y achever leur fortune en soutenant leur vieille réputation. Mais il ne s'était pas plutôt senti en possession de l'opulence qu'il était revenu aux rêves de sa jeunesse ; cette fois, c'était le démon de la politique qui l'avait hanté ; il lui avait donné la soif des honneurs avec l'appétit du pouvoir et le goût de la députation. Jérôme Paturot n'avait pu résister aux obsessions qui l'avaient emporté autrefois, et avait succombé à ces nouvelles tentations. Il s'était jeté avec la fougue de la passion dans l'arène des candidatures, avait couru les réunions électorales, semé les cadeaux et répandu à profusion les professions de foi ; il avait vaincu tous les obstacles, réduit toutes les oppositions et triomphé de ses concurrents ; il était entré avec éclat dans le Parlement, porté à son siége sur les bras d'une formidable majorité. Il était donc au comble de ses vœux ; il ne tarda pas à savoir ce que lui avait coûté cette satisfaction glorieuse. Pendant qu'il suivait les chances des scrutins au Palais Bourbon, l'œil du maître n'était plus ouvert sur les commis et sur le magasin ; il négligeait les écritures et ne s'apercevait pas que la ruine s'était introduite dans la maison, à la suite d'opérations maladroitement entreprises et de crédits accordés sans discernement. Du jour au lendemain, il fallut se résigner, dire adieu aux grandeurs de la politique et embrasser les distractions modestes de la vie de province. C'était dur de tomber tout à coup de si haut et de se sentir en même temps déchu et ruiné. La leçon ne découragea pas Jérôme Paturot ; elle lui apporta, au contraire, la sagesse et la résignation. Il prit résolument son parti ; c'est sans même détourner la tête et sans jeter un dernier regard sur les débris de sa prospérité, qu'il prit le chemin de son département pour aller, loin de la capitale, planter ses choux dans le coin de terre que les premiers Paturot avaient arrosé de leurs sueurs, sauf à revenir, un jour, à la ville, et à se remettre, comme eux, en recommençant par la boutique pour revenir au magasin, à vendre au public des caleçons tricotés et des bonnets de coton.

Le roman de M. L. Reybaud est une satire, mais une satire que n'enveniment ni le fiel ni la méchanceté. Il peint au vif les mœurs du temps, il charme l'esprit, mais n'aigrit point le cœur ; il met en relief les ridicules, il ne cache point les fautes, il condamne le mal, mais, indulgent pour les hommes, il n'allume pas la colère pour châtier la folie ; aussi, comme l'écrivain, le lecteur pardonne volontiers les erreurs et les maladresses dont il a ri.

L. Reybaud ne s'endormit point sur ce succès ; il avait heureusement créé un type excellent pour peindre les mœurs politiques de la France, sous la Monarchie de 1830 ; il le remit en scène pour les peindre, de nouveau, sous le Gouvernement qu'une révolution venait de substituer à celui de Juillet : *Jérôme Paturot à la recherche de la meilleure des Républiques* est donc une suite de *Jérôme Paturot à la recherche d'une Position sociale*. La veine de l'écrivain n'était pas épuisée ; il mit le même talent, les mêmes procédés et le même entrain au service de l'idée nouvelle. Les populations de la France n'avaient pas subitement et comme par un coup de baguette, changé de sentiments, d'opinions, de tendances et d'intérêts ; les étages de la société n'y avaient point été déplacés ; mais leurs relations s'étaient modifiées. Les événements avaient brisé toutes les barrières qui contenaient les ambitions, et les appétits qu'ils avaient éveillés pouvaient se mettre à la poursuite de toutes les satisfactions. Libéral et honnête, L. Reybaud ne s'en prend point au Gouvernement qu'il respecte et qu'il se sent bien plus disposé à défendre qu'à attaquer, mais aux mœurs, qui sont toujours les mêmes, et aux acteurs, qui ont changé de personnages et de costumes pour jouer les scènes du drame nouveau, en y reprenant leur rôle. M. Reybaud se retrouve tout entier dans son second roman, avec l'heureuse fécondité de son imagination, la variété infinie des incidents, la pittoresque mise en scène des ridicules, le charme si personnel de son style, ses saillies, ses traits piquants, sa fine ironie et un intérêt qui se soutient, du commencement à la fin, sans laisser sentir jamais la fatigue ou l'épuisement.

Ces deux romans ont perdu, avec le temps, l'attrait de la nouveauté, mais, grâce à l'originalité des types et au mérite propre de la forme, ils restent dans notre littérature, et, constamment recherchés par les lecteurs que la mode ou la vogue n'ont pas seules le privilége d'attirer, ils sont devenus un des aliments préférés des esprits d'un goût délicat ; ils sont donc comptés parmi les richesses littéraires d'une époque qui a beaucoup produit, et l'on peut affirmer qu'elles seront de celles que la postérité, à qui elle les a déjà transmises, conservera non loin des œuvres les plus attrayantes de Lesage, de Swift, de Sterne et de P. L. Courrier.

Le talent de M. L. Reybaud était doué d'une merveilleuse souplesse ; aux qualités les plus brillantes, il joignait les plus solides ; l'écrivain savait, quand il le fallait, passer du grave au doux, du plaisant au sévère, ou les mêler l'un à l'autre et s'en servir en même temps. C'est à l'auteur des deux Paturot que nous devons ces fermes et savantes *Etudes sur les diverses Industries de la France, et les Industries similaires des Nations étrangères,* qui ont éclairé d'une si vive lumière les conditions de leurs productions ; il les a entreprises sur la provocation de l'Académie des Sciences morales et politiques, et elles ont rempli les dernières années de sa vie. Elles sont donc l'accomplissement d'une mission, et comme les résultats d'une enquête qu'il avait ouverte et conduite tout seul. C'est peut-être la plus digne de confiance et la plus concluante qui se soit faite sur cette grave matière. Il y procède sur place ; il prend les grandes et principales industries les unes après les autres ; d'abord les fers, ensuite les cotons, les soies, les lins, les filatures, les tissages, puis enfin l'agriculture, les vins et les sucres ; il se rend de sa personne dans les centres manufacturiers, voit de ses yeux, touche par ses mains, interroge les patrons et les ouvriers, se met au courant de leurs rapports, et s'initie à la vie des uns et des autres pour en rechercher et en établir les conditions ; il s'édifie avec scrupule sur le prix des matières premières, sur le prix de la main d'œuvre, sur le prix de revient, sur les prix de vente, sur le fonctionnement plus ou moins facile des capitaux, sur les voies de communication, sur les prix de transport, sur les débouchés, sur les concurrences et sur les industries accessoires ou rivales : il se livre aux mêmes recherches pour les industries étrangères ; interroge les tableaux des douanes, et, s'il le faut, il franchit la frontière pour aller demander aux sources mêmes de la production exotique, les données qu'il ne trouve point dans les documents de la statistique. Il n'aborde pas, le cœur sec et avec de froids calculs, ces palpitants problèmes de l'économie politique que ses investigations amènent naturellement sous sa plume ; ses entrailles s'émeuvent des peines et des misères de l'ouvrier ; ses sympathies vont aussi à ces patrons qui s'accroissent, qui grandissent par le travail, et il honore ces épargnes qui, en s'accumulant, fondent le crédit. En lui, l'économiste ne fait qu'un avec le moraliste, et, quand il traite des rapports du patron et de l'ouvrier, il veut que l'esprit de justice et de charité ait une part égale à celle du sentiment des intérêts dans leurs règlements. Ami en tout et partout de la liberté, il la veut dans le travail et dans le commerce, comme il la veut dans la politique et dans l'éducation, comme il la veut pour la conscience et pour la presse. Le moraliste l'a établie au plus profond de la nature humaine, comment pourrait-il la bannir des relations des hommes avec les hommes, des sociétés entre elles ? Il sait, cependant, suivant les temps, les choses et les lieux, la soumettre à des conditions, et soumettre même aux principes de l'exacte justice et aux exigences rigoureuses de la nécessité les restrictions qu'il lui impose. Ses *Études sur l'Industrie* sont le plus étendu de ses ouvrages ; c'est aussi celui qui a fait l'objet de ses plus constantes préoccupations et celui dans lequel il a marqué le plus profondément, peut-être, l'empreinte de son talent. Tâche immense, car il y a consacré une partie considérable de sa vie ; il la poursuivait sans relâche et il s'est éteint avant d'avoir pu y mettre la dernière main. Ce livre survivra aux circonstances qui l'ont fait naître et il éclairera les générations qui suivront la nôtre, en même temps qu'il les édifiera sur ses travaux.

M. L. Reybaud sera toujours lu et plaira toujours : ce style limpide et harmonieux, ce charme continu du langage, cette délicatesse de pensée, ces tours ingénieux, ces saillies inattendues, ces fines railleries qui laissent percer la malice, mais sous lesquelles on sent la bonté, ces traits vifs et rapides qui chatouillent, en l'effleurant, l'épiderme, sans le blesser, et qui éveillent trop doucement le sourire sur les lèvres de la victime pour exciter intérieurement sa colère, seront toujours, soyez-en sûr, du goût de tout le monde. Les uns ne liront que *Jérôme Paturot* ; les autres que les *Réformateurs modernes* et les *Etudes sur l'Industrie* ; souvent ceux-ci liront ce qu'auront lu ceux-là : tous reviendront à ce qu'ils auront lu déjà. Ils connaîtront L. Reybaud comme il était, car il s'est mis tout entier dans ses ouvrages ; ils l'aimeront et il restera pour eux une connaissance précieuse ou un ami. Chez lui, l'homme ne le cédait pas à l'écrivain ; il avait en lui-même tout ce qui attire, tout ce qui attache. L'œil intelligent, la figure ouverte, des façons pleines d'aménité et de distinction, une action aussi expressive que la parole même ; que pouvait-on désirer de mieux pour la personne ? Un naturel facile, un caractère bienveillant, le goût du beau, l'amour du bien, un cœur ouvert à toutes les affections ; quels dons plus heureux l'homme pouvait-il apporter dans le commerce de la vie ? Aussi quels charmes il répandait autour de lui ! Quelle séduction exerçait sa conversation ! Tour à tour grave, enjoué et sérieux, il contait à ravir, il discutait en dialecticien consommé, et, quand il concluait, il avait pour trancher la controverse le mot ferme du bon sens.

Exempt d'ambition, M. L. Reybaud ne rechercha jamais ni les honneurs ni l'autorité. Il ne fut le courtisan d'aucun pouvoir ; en approchant de celui qui s'accordait le mieux avec ses sentiments, il s'oubliait pour ne penser qu'aux autres. Toujours prêt à obliger, il avait la main toujours tendue pour aider les faibles à marcher ou à s'élever, la jeunesse et le talent à se produire dans les lettres et à arriver au succès. Le nombre est grand de ceux qu'il a obligés ; on ne citerait personne qu'il ait desservi. Il est mort plein d'années, laissant des amis partout où il a passé, de temps en temps des adversaires, peut-être, mais jamais un ennemi.

Un esprit aussi élevé que le sien ne pouvait rester étranger à la politique. Il la pratiqua dans la presse et dans les assemblées. Chez lui, le cœur de l'homme battait dans le citoyen. Nul n'aima la liberté d'un amour plus sincère et plus pur ; nul non plus ne mit à la servir plus de droiture, plus de persévérance et plus de modération. Il faut ajouter, à son honneur, qu'aux jours de délaissement il restait fidèle à son culte, et que, dans ses retours ou ses triomphes, il s'appliquait à contenir sa fougue et à lui conseiller la sagesse.

St-Mihiel. — Typ. du NARRATEUR.

www.ingramcontent.com/pod-product-compliance
Lightning Source LLC
Chambersburg PA
CBHW060456050426
42451CB00014B/3346